明日●之書

女生 男生

LAS MUJERES Y LOS HOMBRES

明日● 之書

女生 男生
LAS MUJERES Y LOS HOMBRES

文字與構思
育苗團隊
Equipo Plantel

繪 者
露西 · 古迪耶雷茲
Luci Gutiérrez

譯 者
張淑英

在閱讀
本書之前──

給讀者

　　《女生 男生》屬於【明日之書】繪本系列之一（共四冊），專為兒童讀者編寫。這套書最早在1977年和1978年由西班牙的喜鵲科學出版社出版。當時西班牙的獨裁者佛朗哥*才剛逝世兩三年，整個國家經歷了一段過渡時期，在邁向民主的路上，有了最初的改變。

　　從那時到現在，雖然已經過了四十多年，但半頭牛出版社認為這套書的精神和大部分文字並沒有過時，因此決定搭配新的插畫，重新出版。文字部分只稍微更動了一些逗號（我們不能說連個標點符號都沒動），但是內容部分保持原貌。基本上，書中的理念和言論仍然適合現代閱讀，書末的問答也一樣。新版只在繪本的最後加上後記，補充說明這四十年來的變化。

　　這套書原來的名稱是【明日之書】，新版也使用原名。如果我們能夠懂得這本書中所談論的事，而不覺得驚訝，顯然是因為那個「明日」還不是「今日」。但我們希望那個「明日」很快到來。

*佛朗哥（Francisco Franco，1892–1975）於1975年11月20日逝世。原本葬在馬德里近郊的大十字架烈士谷（Santa Cruz del Valle de los Caídos），下葬近四十四年之後，2019年10月24日遷葬至首都馬德里以北，距離十三公里處的帕爾多－明哥魯比歐公墓（El Pardo–Mingorrubio）。

女生和男生很相似，
雖然看起來很不一樣。

男生，好像比女生重要。

女生，好像比較脆弱。
但是，事實不是這樣。

有些女生很重要，而有些男生很脆弱。

有很聰明的女生，也有很笨拙的男生。

有些女生很勇敢，有些男生很懦弱。

有很多重要的男生、聰明的男生、英勇的男生……
但是，聰明才智、工作、勇氣，
跟身為男生或女生，一點關係都沒有。

其實，女生和男生在各方面幾乎都是一樣的，
只是性別不同而已。

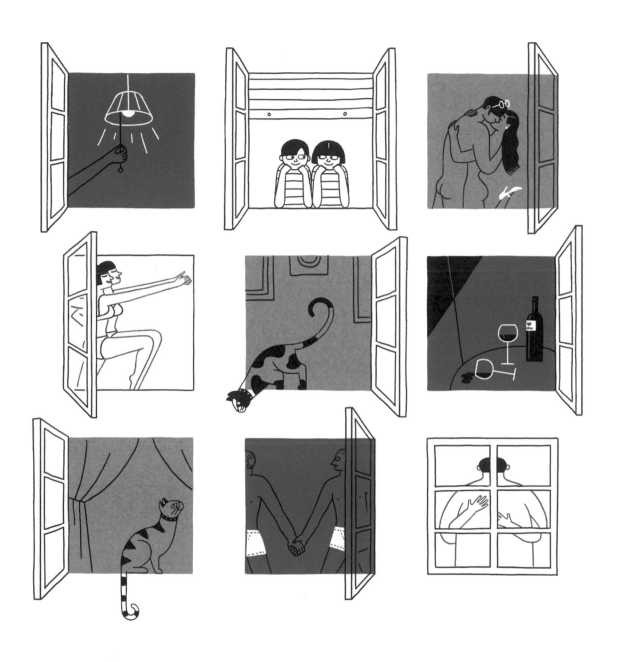

性別之所以重要，是因為性別讓女生和男生可以享受、可以娛樂、
盡情盡興、彼此相愛、養兒育女。

但就只是這樣。
性別不會讓人變得更好或是更壞，
也不會讓人懂得更多、更能幹，或是賺更多錢。

問題是父母教育男孩時，
常要他們學著變成重要的男人……

而對女孩，就要她們學習成為
重要的男人的女人。

從小，對待男孩有一種方式……

對待女孩，又有另外一種方式。

大人對男孩說：
所謂的好，

是勇敢、強壯，

當好學生，

成為最優秀的人。

而對女孩，卻又說一些不一樣的話：

你好漂亮喔！

你好乖巧。

你要像個女孩的樣子。

你最惹人疼了。

所以，有一套給小男孩的穿著，

有專門給男孩玩的遊戲……

而給小女孩的穿著是另一套，

也另外有專門給女孩玩的遊戲。

於是，他們常被要求要一樣聽話，
卻又被強迫要做著不同的事。

小女孩和小男孩變得愈來愈不一樣了。

男孩要更用功讀書，因為他們將來會成為
律師、醫師、工程師，或是從政。

女孩也一樣可以讀書，成為律師或醫師，
但可能更多是去當祕書、當空姐、當護士……

世界上幾乎所有的事情都依賴男人，
男人掌控一切，成為各個國家的領導人……

他們在工作上，

在家庭裡，都是主人……

甚至，也對女人下命令。

因為很多東西都是男人做的，所以都依照他們的喜好。
女人穿的服飾是男人製造的、買的東西是男人發明的、
做的事情也都是由男人的點子發想的。

很多男人都這麼認為：
女人要當男人身邊的伴侶，當他們孩子的媽媽。

在家裡，男人叫做「家長」，
女人則叫做「家庭主婦」。

但是，事實不是這樣。
男生並不是生來就要發號施令……

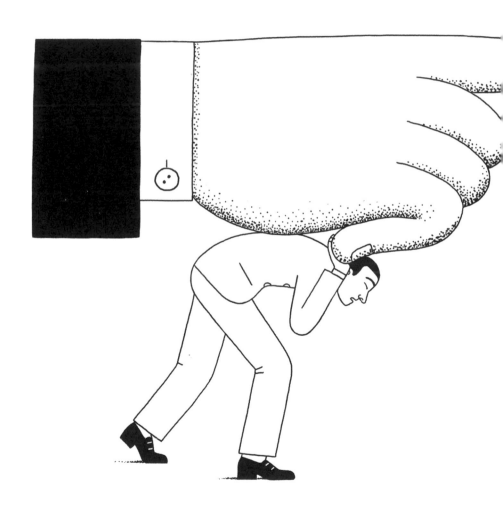

女生也不是生來就要依附順從。

女生跟男生都一樣、都平等，
只是性別不同罷了。

關於性別，我覺得......

1. 你對男女關係的看法是什麼？
   - **A.** 是平等的
   - **B.** 男生主導
   - **C.** 女生主導

   答：_____

2. 誰應該做家事？
   - **A.** 女生
   - **B.** 男女平均分攤
   - **C.** 大部分女生做，男生做一點

   答：_____

3. 誰應該賺錢？
   - **A.** 男生
   - **B.** 女生
   - **C.** 男女都應該

   答：_____

4. 在哪裡女生比較能有主導權？
   - **A.** 企業
   - **B.** 家庭
   - **C.** 醫院

   答：_____

5. 監督你寫功課的是爸爸還是媽媽？為什麼？

請寫下你意見。

答：＿＿＿＿＿＿＿＿＿＿＿＿＿＿＿＿＿＿＿＿＿＿＿＿＿＿＿

＿＿＿＿＿＿＿＿＿＿＿＿＿＿＿＿＿＿＿＿＿＿＿＿＿＿＿＿＿＿

＿＿＿＿＿＿＿＿＿＿＿＿＿＿＿＿＿＿＿＿＿＿＿＿＿＿＿＿＿＿

＿＿＿＿＿＿＿＿＿＿＿＿＿＿＿＿＿＿＿＿＿＿＿＿＿＿＿＿＿＿

性別的昨日與今日

　　當決定重新出版四十年前的這套書時，【明日之書】系列繪本的四本書當中，最具挑戰性的應該就是這本《女生 男生》。的確，從1978年到現在，世界發生了許多變化，所幸都是愈變愈好（稍微年長的讀者讀這本書時，可以驗證這些變化）。

　　但是，仍然有許多看來像是專門為男性保留的特權，女性不僅沒有享受到，在世界各地也依然遭受許多歧視。只要稍微注意一下我們的周遭，或是看看每天的資訊，就可以知道。例如，有好多企業的重要會議，看不到任何女性參與。又例如，根據統計數據，一位女性，一年內必須超時工作很長時間，才有辦法賺到跟男性同等的薪水。雖然有些女性在她們國家裡擔任主管，但是和男性比起來，擔任重要職務的女性還是極少數。這是不公平的。今日的女性和男性都接受一樣的養成，事實上，女性接受大學教育的人數遠多過男性，而且學習成績比男性更優異。

　　要達到性別平等，還有許多需要努力的地方，而最好的途徑是透過教育：男生和女生一樣，都有均等的權利接受教育。我們要把大男人主義，從我們的日常生活中根除，抵抗所有貶抑女性的陋習，建立一個性別平權的世界，讓每一個人都可以生活在更好的環境。

作者簡介

育苗團隊
Equipo Plantel

「育苗團隊」共有三名成員，由一對夫妻及一位年輕女孩組成。先生是經濟線記者，太太是來自阿根廷的教師，兩人婚後住在馬德里。年輕女孩是這對夫妻的好朋友，也是一名經濟系的學生。三位作者經常聚集在年輕女孩的家裡聊天發想，一起做菜，也一起寫下這四本書。1977年底，這四本書首次在西班牙出版，距離西班牙獨裁者佛朗哥逝世不過兩年。佛朗哥死後，四十多年來的獨裁政權終結，西班牙終於往自由的方向邁進。在此之前，想在雜誌上看到各式各樣的主題探討，以及為年輕人出版關於政治及社會問題的書籍，幾乎是不可能的事。在媒體及書籍出版方面，「育苗團隊」的成員有各種合作，但唯有這套書是三人以團隊之名共同出版的。

譯者簡介

張淑英

現為清華大學外語系教授兼校長室特別顧問（2019.08自臺大外文系借調）。馬德里大學西班牙＆拉丁美洲文學博士。2016年膺選西班牙皇家學院外籍院士。2019年起為西班牙王室索利亞伯爵基金會通訊委員。中譯《世界圖繪》、《佩德羅‧巴拉莫》、《紙房子裡的人》等十餘部作品。

譯者的話：這是我首度翻譯童書繪本，讓我回想起陪伴兩個女兒成長、為她們講故事的歲月。我也很開心能用孩童的語言，和他們討論成人關心的世界。

繪者簡介

露西・古迪耶雷茲
Luci Gutiérrez

1977年出生於西班牙巴塞隆納

露西為兒童畫了許多插畫，有些是在義大利出版的義大利文兒童圖書；也有一些作品不是給兒童看的，例如《慾經》（Kamasutra，這個名稱聽起來叫人好奇）；還有一些作品是為她自己而創作的，例如《英文給它有點難》（English is Not Easy），這本書是由她自己寫作和插畫，用來激勵自己，看能不能一鼓作氣把英文學起來。

現在的她仍然持續學習，而且一有機會就會飛去紐約。在紐約時，她也替一些英文雜誌畫插畫。紐約的街道像一座活生生的博物館，露西在街道上和男男女女擦肩而過，她認真的觀察著這些人，先在筆記本上把他們畫下來，然後再集結作品，出版成書。

Thinking 061

女生 男生
LAS MUJERES Y LOS HOMBRES

文字與構思 | 育苗團隊 Equipo Plantel
繪　者 | 露西·古迪耶雷茲 Luci Gutiérrez
譯　者 | 張淑英

社　　　長 | 馮季眉
編輯總監 | 周惠玲
責任編輯 | 戴鈺娟
編　　輯 | 李晨豪
封面設計 | Bianco Tsai
內頁設計 | 盧美瑾

出　　版 | 字畝文化
發　　行 | 遠足文化事業股份有限公司
地　　址 | 231 新北市新店區民權路 108-2 號 9 樓
電　　話 | (02) 2218-1417　傳　真 | (02) 8667-1065
電子信箱 | service@bookrep.com.tw
網　　址 | www.bookrep.com.tw
郵撥帳號 | 19504465 遠足文化事業股份有限公司
客服專線 | 0800-221-029

讀書共和國出版集團
社　　　長 | 郭重興
發行人兼出版總監 | 曾大福
印務經理 | 黃禮賢
印務主任 | 李孟儒
法律顧問 | 華洋法律事務所　蘇文生律師
印　　製 | 中原造像股份有限公司

出版日期 | 2020 年 10 月　初版一刷
定　　價 | 300 元
書　　號 | XBTH0061
Ｉ Ｓ Ｂ Ｎ | 978-986-5505-32-5（精裝）

LAS MUJERES Y LOS HOMBRES
Idea and Text by Equipo Plantel
Illustrations by Luci Gutiérrez
Copyright © 2015 Media Vaca All rights reserved.
First published in Spanish by Media Vaca
Chinese complex translation copyright © WordFiled Publishing Ltd.,
a Division of WALKERS CULTURAL ENTERPRISE LTD., 2020
Published by arrangement with Media Vaca through LEE's Literary Agency